Colección LECTURAS DE ESPAÑOL

Lecturas de Español son historias interesantes, breves y llenas de información sobre la lengua y la cultura de España e Hispanoamérica. Con ellas puedes divertirte y al mismo tiempo aumentar tus conocimientos. Existen seis niveles de lecturas (elemental I y II, intermedio I y II y superior I y II), así que te resultará fácil seleccionar una historia adecuada para ti.

En *Lecturas de Español* encontrarás:
- temas e historias variadas y originales,
- notas de cultura y vocabulario,
- ejercicios interesantes sobre la gramática y las notas de cada lectura,
- la posibilidad de compartir tu lectura con otros estudiantes.

D0813901

NIVEL ELEMENTAL - I

Amnesia

Coordinadores de la colección:
Abel A. Murcia Soriano (Instituto Cervantes. Cracovia)
José Luis Ocasar Ariza (Universidad Complutense de Madrid)

Autor del texto:
José Luis Ocasar Ariza

Explotación didáctica:
Abel A. Murcia Soriano
José Luis Ocasar Ariza

Maquetación e ilustraciones:
Raúl de Frutos Pariente

Diseño de portada:
Carlos Casado Osuna

Diseño de la colección:
Antonio Arias Manjarín

© Editorial Edinumen
© José Luis Ocasar Ariza
© Abel A. Murcia Soriano
© José Luis Ocasar Ariza
ISBN: 978-84-89756-72-4
Depósito Legal: M-15218-2016

Editorial Edinumen
José Celestino Mutis, 4 - Madrid (España)
Teléfono: 91 308 51 42
E-mail: edinumen@edinumen.es

1.ª edición, 2002
1.ª reimpresión, 2006
2.ª reimpresión, 2008
3.ª reimpresión, 2010
4.ª reimpresión, 2011
5.ª reimpresión, 2012
6.ª reimpresión, 2014
7.ª reimpresión, 2016
8.ª reimpresión, 2017
9.ª reimpresión, 2019
10.ª reimpresión, 2021

Imprime: Gráficas Glodami. Coslada (Madrid)
0421

Amnesia

ANTES DE EMPEZAR A LEER

1. ¿Sabes qué es la amnesia?

- Una mujer
- Un animal
- Una enfermedad
- Un baile

- Un coche
- Una máquina
- Una planta
- Un país

2. Consulta las claves al final del libro. Si tu respuesta es correcta, encuentra siete palabras relacionadas con amnesia (puedes usar el diccionario):

- Pan
- Gripe
- Bronquitis
- Úlcera
- Flamenco
- Esquizofrenia

- Sida (aids)
- Gato
- Pierna
- Cáncer
- Sopa
- Hambre

- Moto
- Canción
- Casa
- Pelo
- Neumonía
- Rosa

3. Amnesia significa "sin memoria" (a=sin; mnemo=memoria). Hay palabras en español que también empiezan por una "a" que significa "sin". ¿Cuáles de las siguientes palabras crees que tienen la misma estructura? ¿Comprendes su significado?

- Analfabeto
- Algo
- Amoral

- Amor
- Anormal
- Atención

- Avión
- Atómico
- Asexual

4. Muy bien. Ya sabemos bastantes cosas sobre la palabra del título. Intenta pensar en cuál puede ser el argumento de la obra. Mira la portada. Escribe en pocas líneas lo que crees que pasa en la novela, a quién, cuándo, etc.

_____

_____

_____

_____

5. Vamos a volver a las palabras. Amnesia significa "sin recuerdos". Te proponemos un pequeño ejercicio gramatical. A continuación tienes que completar el siguiente cuadro sobre la formación de antónimos (palabras que significan lo contrario de otras) en español. Coloca cada palabra en su sitio y escribe en la columna de la derecha el antónimo. ¡Cuidado, usa el diccionario, no siempre es tan simple como parece!

A-	A- (+ consonante)	Anormal	Normal
	An- (+ vocal)	Analfabeto	
DES-	Des-		
	Dis-		
IN-	I- (+ r, l)		
	In-		
	Im- (+ p, b)		
ANTI-	Anti-		

- Increíble
- Antiaéreo
- Irreal
- Injusto
- Antidemocrático
- Ilegal
- Deshacer
- Disgustar
- Deshabitado
- Insoportable
- Disconforme
- Desaparecer
- Anticlerical
- Ilógico
- Imposible
- Desarmar
- Antifascista
- Imbebible

6. Es "in-creíble" cuántas cosas pueden salir con una sola palabra. La persona que tiene amnesia no puede recordar cosas muy importantes; pero todos olvidamos muchas cosas en la vida normal. ¿Crees que se pueden olvidar estas cosas sin tener amnesia? Escribe otras que no estén en la lista.

Tu edad
La dirección de tus padres
Tu nombre
Tu talla

El resultado de un partido de fútbol
Las llaves
Tu número de pasaporte
El nombre del presidente del gobierno

7. Imagina que tienes un accidente y no recuerdas nada. ¿Qué haces?

_____

_____

_____

_____

8. Hay gente que sufre amnesia y gente que no puede olvidar nada. ¿Qué crees que es peor? ¿Te gustaría no olvidar? Hay un cuento de un escritor argentino, Jorge Luis Borges, titulado _Funes el memorioso_ que trata de esto. Quizás puedas conseguirlo en tu idioma para leerlo; si no, continúa aprendiendo español, seguro que pronto lo puedes leer en versión original. Buena lectura.

I

05:30

Es lunes. El mar está tranquilo. Los barcos descansan en las grises aguas del puerto. Los últimos **bailones**, cansados de una larga noche de domingo, regresan a sus casas. Las tiendas están cerradas. En el Paseo de Pereda hay un Seat Toledo rojo, matrícula de **Santander**. Una pareja de novios se despide en un portal.

– Bueno, ya estamos aquí. ¿Cansada?

– Un poco.

– ¿No quieres tomar otra copa?

– No, estoy muy cansada, de verdad. Demasiado baile para una noche, ¿no?

– Exageras, abuelita.

– ¡Qué tonto eres!

De repente, el sonido de una alarma cercana interrumpe su conversación. Segundos después, el Seat Toledo arranca a toda velocidad y desaparece por la esquina del **Ayuntamiento**. Los jóvenes se miran, sorprendidos.

bailones: personas a las que les gusta bailar.

Santander: ciudad del norte de España, capital de la provincia de Cantabria.

Ayuntamiento: gobierno de una ciudad.

– ¿Qué pasa? –pregunta ella, extrañada.

– Ni idea. Parece un robo.

El coche se aleja rápidamente por las calles desiertas sin pararse en los **semáforos**.

semáforos: luces de tráfico.

05:40

Unos pasos tranquilos rompen el silencio de la calle Santa Lucía. Es un hombre joven. Lleva unos **vaqueros**, una camisa a rayas y una chaqueta azul de verano al hombro. Camina despacio, con gestos lentos y cansados. En el cruce de Santa Lucía con la calle Lope de Vega se para en el semáforo en rojo. El suelo está lleno de papeles. El hombre siente curiosidad, se agacha y coge uno. El semáforo cambia de color. El hombre lo ve y cruza. Mira el papel y lee:

vaqueros: pantalones jeans.

Mecano: grupo musical español, ya disuelto, famoso también en Iberoamérica, Francia e Italia.

Jueves, 17   20.00H
PLAZA DE TOROS DE SANTANDER
Gran concierto de *MECANO*
Precio único: 15 euros

"¡Vaya!", piensa. "Mi grupo favorito, en Santander...". En ese momento, el fuerte ruido de un motor llama la atención del hombre. Levanta la vista del papel y sólo ve la sombra roja de un coche y siente un terrible golpe.

El conductor gira bruscamente el volante para evitar al hombre y pierde el control del coche. Un gran

choque despierta a los vecinos.
El conductor, herido, abre la puerta del coche.
Tiene la cabeza llena de sangre; avanza unos pasos y
se **desmaya**. Los vecinos abren las ventanas y ven en
la calle a un Seat Toledo rojo y a dos hombres en el
suelo.

desmayarse: perder el sentido; quedar K.O.

II

MARTES

– ¿Cómo está?

La voz de una mujer saca al hombre de su sueño.
Abre los ojos y mira. Ve a una enfermera joven incli-
nada sobre él. Dos hombres, un médico y otro, vesti-
do con gabardina, están cerca de la cama. El hombre
intenta levantarse, pero no puede.

– No muy bien; estoy mareado. ¿Pueden darme un
poco de agua, por favor?

La enfermera coge un vaso de agua que está en la
mesa. El hombre bebe.

– ¿Dónde estoy?
– En el hospital de Valdecilla. Tiene dos huesos ro-
tos y un fuerte **shock**.
– ¿Por qué estoy aquí?
– ¿No recuerda el accidente?
– ¿Un accidente? ¿Cómo? ¿Dónde? No recuerdo
nada.

shock: palabra in-
glesa internacional.

El hombre que no es médico dice:

- Está usted un poco confuso. ¿No quiere dormir más?

- No, gracias. No me gusta mucho dormir. Pero **estoy hecho polvo**. Quisiera una explicación sobre el accidente, por favor.

estar hecho polvo:
estar muy cansado

- Pues nosotros no sabemos nada de él –dice el médico–. Es la policía la que tiene la información. A propósito, le presento al inspector Herrero, del Cuerpo Superior de Policía.

El hombre de la gabardina saluda al herido. Es un hombre de cuarenta años, más o menos. Lleva unos pantalones y una chaqueta grises bastante viejos, y una corbata de lana azul.

- Buenos días, soy Pedro Herrero. Quisiera hablar con usted, si es posible, señor...

- Me llamo... me llamo... Eeeh, un momento, por favor. ¡Qué extraño! ¿Cómo es posible? ¡No recuerdo mi nombre!

El médico dice:

- Es normal. El *shock* por el accidente trae pérdida de memoria muchas veces. Amnesia temporal. No es grave.

- ¡Qué raro! No recuerdo nada. No recuerdo cómo me llamo, dónde vivo... No recuerdo a mi familia; supongo que tengo una.

- Tranquilo. No pasa nada.

- Pero ¿cuánto tiempo voy a estar así?

- Oh, no sé... Poco tiempo.

– ¿Cuánto es poco tiempo? ¿Una hora? ¿Dos semanas?

– No sabemos muy bien. Depende. No es nada exacto.

– ¡Magnífico! Bueno, no tengo otra solución que esperar. Pero no quisiera esperar mucho tiempo. Quiero recordar.

El inspector Herrero dice:

– Sí, yo también. Necesito hablar con usted del accidente... y de otras cosas.

– ¿Otras cosas? ¿Qué cosas? ¿Qué pasa?

– Nada. Otro día, en otro momento.

– Pero bueno... ¿Nadie me dice qué pasa?

– Buenos días. Mañana nos vemos.

El médico, la enfermera y el policía salen de la habitación. La enfermera regresa a la cama y da al hombre una aspirina. Dice:

– Tranquilo. Mañana va a recordar todo. Necesita dormir.

– ¿Cómo se llama?

– Me llamo Ainoa. Hasta mañana.

– Ainoa... Esta amnesia no es grave, ¿no?

– No, es normal; como dice el doctor, es el *shock*. Adiós.

– Hasta mañana.

III

MIÉRCOLES

El hombre despierta. Levanta un poco la cabeza, sin reconocer el sitio donde está. Mira sus piernas; están **escayoladas**; su brazo izquierdo también. Recuerda que está en un hospital, que tiene unos huesos rotos por un accidente, pero nada más. Pone la cabeza otra vez sobre la almohada. "Esto es una **pesadilla**", piensa. "No recuerdo nada".

– Buenos días. ¿Cómo está hoy?

La enfermera entra. Trae una bandeja con el desayuno. Café con leche, un cruasán y un zumo de naranja. Lo pone en la cama.

– Igual. No me acuerdo de nada.
– Vaya. ¿Y sus huesos?
– Bien. ¿Cuánto tiempo necesitan para curarse?
– Dos semanas. ¿Ve? Tiene tiempo para recordar.
– Sí, supongo que sí. A propósito, ¿cómo se llama usted?
– ¿No lo recuerda?
– Mmm. No. Lo siento.
– Ainoa.
– Ainoa. Es bonito. ¿De dónde es usted?
– No es necesario tratarnos de "usted". Me gusta más **tutear** a la gente. Me preguntas que de dónde soy...

escayolado: con escayola; cuando se rompe un hueso se pone escayola.

pesadilla: mal sueño.

tutear: hablar de "tú" a las personas.

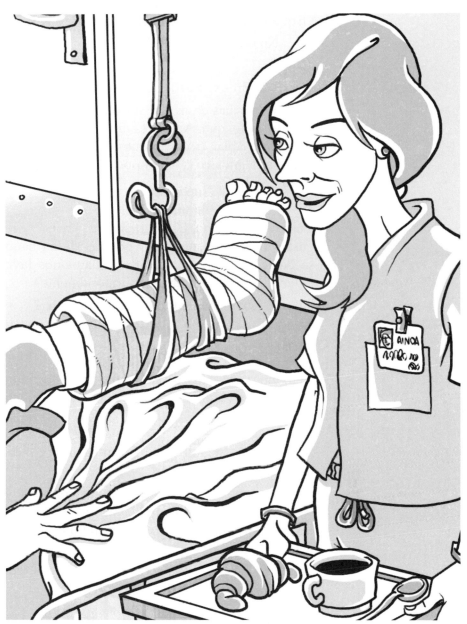

– *Buenos días. ¿Cómo está hoy?* –*La enfermera entra. Trae una bandeja con el desayuno.*

¿A ti qué te parece? El nombre de Ainoa, ¿de dónde es?

– Eh... No sé, no lo recuerdo.

– Es vasco.

– ¿Vasco? ¿Eres vasca?

– Sí. Hay muchas cosas que no recuerdas. Todo el mundo sabe que Ainoa es un nombre vasco. ¿Quieres hablar cinco minutos? Está bien para recordar alguna cosa. ¿Tampoco hoy te acuerdas de tu nombre?

– Me parece que no.

– Pues necesitas uno. ¿Qué te parece "Javier"? ¿Te gusta? Yo lo encuentro muy bonito. Mi hermano se llama Javier. Pero en casa le llamamos Javi. ¿Qué te parece ser "Javier" temporalmente?

– Bueno, está bien. ¿También es vasco Javier?

– No, no; no es de ninguna parte de España en especial.

En ese momento llaman a la puerta. Pedro Herrero, el policía, entra en la habitación. Trae un periódico en la mano.

– Buenos días. ¿Cómo está? Yo lo encuentro bastante bien.

– Sí, hoy tampoco recuerdo nada, pero no estoy tan confuso. Hablo con Ainoa, que me llama Javier. Es un nombre provisional, pero es bonito, ¿no?

– Sí, está bien. Bueno, necesito hablar con usted. ¿Recuerda estas llaves?

El inspector enseña un llavero con tres llaves.

- No. ¿Son de mi casa?
- No lo sabemos. Es lo único que tiene usted entre su ropa, con un poco de dinero.
- Ah, **vale**. ¿Me informa del accidente?

vale: expresión equivalente al o.k. inglés.

Ainoa camina para salir de la habitación. En la puerta saluda con la mano a "Javier".

- Hasta luego.
- Hasta luego.

Pedro Herrero abre el periódico en las páginas de "Local" y se lo enseña a "Javier". Lee:

ROBO Y ACCIDENTE

Efe: agencia de noticias española.

*SANTANDER (Efe).- Dos hombres de identidad desconocida están en el Hospital de Valdecilla, heridos en un accidente ocurrido ayer por la mañana en la calle Santa Lucía. También existe una denuncia por un robo cometido en una joyería del Paseo de Pereda más o menos a las 5.30 a.m. La cantidad de joyas robadas es muy grande; se calcula que su valor es de cien mil euros. Parece que el robo y el accidente están relacionados, pues los testigos afirman la presencia de un Seat Toledo rojo en el robo; en el accidente de la calle Santa Lucía, el coche implicado es un Seat Toledo rojo. La policía trabaja con estos datos para aclarar el delito y recuperar las joyas, que están en **paradero desconocido**.*

paradero desconocido: lugar que no se conoce. Expresión propia del lenguaje periodístico.

en efecto: otra forma de decir "sí".

- Oh, ¿es mi accidente? –dice "Javier".
- **En efecto** –responde Herrero.
- Pero no está muy claro. ¿Quién es el otro hombre?

ambos: los dos.

peatón: persona que
camina por la calle.

¿Soy yo el conductor? ¿El otro hombre es mi
amigo, o mi hermano o padre...?

– Bueno, en realidad estas son las cosas que le quiero preguntar. Le explico la situación: tenemos un
robo y un accidente. El coche, Seat Toledo rojo,
es el mismo en **ambos**. Tenemos dos hombres en
la calle, inconscientes, y el coche, estrellado en la
calle. Las joyas robadas no están en el coche; no
están en ninguna parte. No sabemos quién es el
conductor y quién el **peatón**. Solo sabemos que
uno de los dos es el ladrón.

– ¿Y la documentación?

– Ninguno de los dos tiene documentación. Tampoco están en los ficheros de la policía. Hay una
chaqueta azul, pero no sabemos de quién es.

– ¡Qué situación! ¿Qué dice el otro hombre?

– No dice nada. Está inconsciente. Tiene también
un *shock*, resultado de un fuerte golpe en la cabeza. Usted también tiene un golpe en la cabeza. En
el accidente, uno de los dos rompe el cristal del
coche. Pero ya le digo que no sabemos quién es
el conductor. Los dos tienen más o menos las
mismas lesiones.

– Me dice que posiblemente soy un ladrón, pero
que no lo sabe usted y que no lo sé yo tampoco,
¿verdad?

– Me parece que sí.

– Increíble. Me parece una situación divertida.

– ¿Divertida?

– Divertidísima. Me gusta. No me acuerdo de nada.
No sé quién soy, de dónde vengo, cuántos años
tengo... Posiblemente soy un ladrón, no lo sé, pe-

ro ustedes tampoco lo saben. Solo esperamos dos posibilidades: yo recupero la memoria y digo que soy un ladrón; o el otro hombre despierta y dice que es un ladrón. ¿Cuál le parece más probable?

– No lo sé. En este momento las dos son posibles.

– Bueno, en serio, quisiera ser inocente.

botín: el producto de un robo.

– Naturalmente. Nosotros continuamos con la investigación. Necesitamos encontrar el **botín**. El ladrón tiene diez minutos para ocultar las joyas. El botín está en algún lugar de la ciudad. ¿En cuál? Posiblemente, entre el Ayuntamiento y la calle Santa Lucía, que es el camino que une el robo y el accidente. Pero no tenemos nada en este momento.

– Entiendo. Suponemos que encuentran las joyas. ¿Qué pasa entonces? ¿Es importante para mí?

huellas dactilares: marcas que dejan los dedos en las cosas.

– Claro. En las joyas o en la bolsa hay con seguridad **huellas dactilares**. Con ellas la policía dice quién es el ladrón.

– Ah, ya veo. ¿No hay huellas en el coche?

terciopelo: tejido suave con el pelo muy corto.

– No. El volante tiene una cubierta de **terciopelo** y las huellas no permanecen en ella. Tampoco hay huellas en otras partes del vehículo.

– Estoy metido en un problema.

En ese momento, Ainoa entra en la habitación. También el doctor. Hablan un poco con "Javier" y Pedro Herrero se va.

IV

JUEVES

"Javier" está sentado en una silla de ruedas en su habitación, cerca de la ventana. Mira el jardín que hay fuera. Su cara está seria. Parece nervioso, porque se frota mucho las manos. Tiene en la mesa que está cerca de la ventana el periódico de ese día. Continúa en la misma habitación, en el mismo hospital. No recuerda nada.

Entran Ainoa, el doctor y Pedro Herrero, el policía. Caminan y hablan unos con otros. El doctor está enfadado.

– ¿Ocurre algo? –pregunta "Javier".

– Bueno, realmente no –responde Pedro–. Hablamos de usted. La policía y el hospital necesitan colaborar. Vamos a actuar juntos. Nosotros queremos resolver el robo, porque el otro hombre está inconsciente y no sabemos cuánto tiempo necesita para curarse. La única solución es su memoria. Usted quiere recordar, ¿no?

– Por supuesto que sí. No me gusta estar sin hacer nada, sin saber quién soy, un ladrón o un padre o un millonario... ¿Qué piensan hacer?

– El hospital colabora con la policía. La enfermera Ainoa está en estos momentos dedicada a usted exclusivamente. Su trabajo es hacerle recuperar la memoria. Usted necesita ayuda para recordar. Ella es su ayuda. Fotografías, periódicos, paseos, charlas... todo es útil para traer un recuerdo. **A lo mejor**, un paisaje, o un árbol o una frase des-

a lo mejor: posiblemente.

piertan su memoria. Con su memoria, todos ganamos: la policía puede aclarar el robo, el hospital le cura a usted, y usted mismo recupera su vida y sus recuerdos. ¿Qué le parece?

– Todos ganan, excepto yo, que posiblemente voy a la cárcel.

– Es un riesgo. Pero también existe la otra posibilidad: es inocente y no pierde nada. El robo está aclarado y usted está libre y con su familia o trabajo... con su vida normal.

– Ya. Bueno, me parece bien. ¿Empezamos hoy?

– Sí. Lo primero, vamos a la habitación donde está el otro hombre. Tiene la posibilidad de recordar algo. Posiblemente es amigo suyo.

– **Cómplice**, quiere decir. En ese caso, la cosa está clara: yo soy amigo suyo, uno de los dos es un ladrón..., conclusión: los dos somos cómplices.

Pedro Herrero, serio, **murmura**:

– Es mejor no pensar demasiado en las posibilidades.

El doctor se va a visitar a otros enfermos y Pedro Herrero y Ainoa, que transporta a "Javier" en la silla de ruedas, caminan para tomar el **ascensor**. Esperan en el pasillo un rato y finalmente entran en uno de los ascensores. "Javier" dice:

– Este hospital es muy grande, ¿no?

– Sí –responde Ainoa–. Muy grande y además muy bueno y famoso. Es bastante moderno y en algunos campos es uno de los mejores de España.

– En enfermeras, por ejemplo –bromea Pedro.

Ainoa se ríe.

cómplice: compañero en un delito.

murmurar: hablar bajo, entre dientes.

ascensor: elevador, máquina para subir o bajar pisos en una casa.

– Por supuesto, en enfermeras es el número uno.

"Javier" pregunta:

– ¿Subimos o bajamos?

– Usted está en el piso cuatro y el otro en el seis.

– Él está en la UCI.

– ¿UCI? ¿Qué es eso?

– Unidad de Cuidados Intensivos. Es donde están los enfermos más graves, los que necesitan vigilancia especial.

– Usted no recuerda muchas cosas de la vida normal, ¿no? –dice Pedro Herrero– Quiero decir que no se acuerda de su nombre o de su familia, pero tampoco de algunas cosas que le rodean, del país o de cosas que sabemos de forma natural, ¿verdad?

– Es cierto. Hay cosas que recuerdo y cosas que no. No sé cuántas cosas. Ainoa me dice que su nombre es vasco; de eso no me acuerdo. Bueno **ahora** sí, claro –mira a Ainoa, sonriendo–. Ahora sé que Ainoa es un nombre vasco. ¿Sabe qué país es este? ¿Cuántos habitantes tiene? ¿En qué ciudad estamos? ¿Quién es el presidente del gobierno? ¿Cómo está la economía? ¿Dónde...?

– Por favor, por favor, son demasiadas preguntas –dice Ainoa–. Es mejor ir poco a poco. Parece el Trivial.

– ¿El Trivial? ¿Qué es? –dice "Javier".

– Un juego de cultura. Bueno, ya estamos aquí.

Se paran en una puerta doble. Ainoa entra en otra habitación y sale con unas **batas** verdes y unas **mascarillas** y bolsas.

ahora: en este momento.

batas: ropa que llevan los médicos.
mascarillas: se ponen en la cara para evitar la contaminación, microbios, etc...

ni: y no.

de acuerdo: expresión equivalente a "vale".

primera: 1º.

– Nos ponemos las batas, las bolsas en los pies y las mascarillas en la boca para no llevar microbios y enfermedades a los enfermos de la UCI. Tampoco es posible hablar muy alto **ni** estar mucho tiempo.

– **De acuerdo** –dice "Javier".

Pasan la puerta. Hay un pasillo central y camas con enfermos en las dos paredes. Hay también máquinas cerca de los enfermos para vigilar su situación. Finalmente, se paran; en una cama hay un hombre con la cabeza vendada. El hombre está con los ojos cerrados.

– Bueno, aquí está. Es el hombre del accidente.

"Javier" mira con atención. El hombre tiene más o menos los mismos año que él. Su cara no es nada especial. A "Javier" le parece que es la **primera** vez que lo ve. No tiene ningún recuerdo de ese hombre.

– No, no creo conocer a este hombre.

– ¿Está seguro? –pregunta Pedro Herrero.

– Sí, es la primera vez que lo veo. No me trae recuerdos.

Ainoa lleva la silla de ruedas al pasillo. El policía camina, serio; en el pasillo se quitan las batas, las mascarillas y las bolsas de los pies. Ainoa se lleva todo. Pedro dice:

– Mala suerte para todos.

– Lo sé. Quisiera recordar, pero no me acuerdo de este hombre.

– Bueno, me voy. Tengo trabajo. Hasta mañana.

Ainoa está otra vez con ellos.

– ¿Se va? Nos vemos mañana. Pero mañana seguro que estoy cansadísima.

– ¿Por qué? –pregunta el policía, que espera el ascensor.

– Esta tarde voy al concierto de Mecano en la plaza de toros. Me gustan mucho y también me gusta mucho bailar. El problema es que hay trabajo al día siguiente y...

– ¿Mecano? –pregunta "Javier", nervioso–. Eso me recuerda... No sé, tengo una sensación rara. Tiene relación con el accidente... Es difícil de explicar. Recuerdo un poco el accidente, una cosa roja y Mecano está también relacionado.

– ¿Mecano, relacionado con el accidente? –pregunta Pedro Herrero, extrañado–. Me parece que está usted un poco confuso, "Javier". ¿Qué **tiene que ver** un grupo de música con un accidente?

– No lo sé, pero esa palabra me trae recuerdos que están relacionados con el accidente. No sé cómo o por qué.

– Mmmm. Es extraño.

El ascensor llega, y los tres entran. En la **planta** número cuatro, el policía dice:

– No sé... Voy a pensar en esa relación. Hasta mañana.

– Hasta mañana.

tiene que ver: tiene relación.

planta: piso.

PÁRATE UN MOMENTO

1. El personaje principal, "Javier", ha perdido la memoria; eso es la amnesia. Intenta tú mismo imaginar para él una identidad. Cuando termines el libro, compruébala.

Nombre real	País	Edad	Profesión	Estado civil

2. Imagina que tienes amnesia y no recuerdas quién eres. ¿Qué puedes hacer? De la siguiente lista de posibles cosas que hacer, escoge tres.

☐ Pasear por la ciudad.
☐ Preguntar a la gente si te conoce.
☐ Buscar tu foto en los archivos de la policía.
☐ Ir a la universidad a buscar posibles amigos.
☐ Relajarte y dejar que tus recuerdos vuelvan solos.
☐ Someterte a hipnosis.
☐ Ir a un detective privado.
☐ Empezar una vida nueva.

3. Discute con tus compañeros sobre vuestras preferencias de la lista anterior.

4. Escoge un final para la novela. Aquí tienes algunas ideas; si quieres, puedes tú mismo inventar otros.

a. "Javier" es culpable
1. Se escapa con las joyas.
2. No consigue recordar dónde ha escondido el botín.
3. Acaba en la cárcel.
4. Ainoa lo descubre y se van juntos.
5. La policía lo mata.

b. "Javier" es inocente
1. Nunca puede demostrarlo.
2. Recuerda todo y se casa con Ainoa.
3. Acaba en la cárcel.
4. Descubre que Ainoa y el policía son los culpables.
5. Se escapa con las joyas.

V

VIERNES

estupendo: muy
bueno.

El día es **estupendo**, con sol y una temperatura agradable. "Javier" está más contento y animado. Ahora recuerda una cosa; el primer recuerdo de su otra vida ya está en su cabeza. Supone que otros recuerdos esperan para salir. Esa mañana los enfermeros le bañan y le **afeitan**. Su ropa está también limpia. Se siente bien.

afeitan: quitan el
pelo de la cara (bar-
ba) con una cuchilla.

Entra Ainoa. Ella también está vestida con ropa de calle, no con la bata del hospital. Parece cansada, pero contenta.

– Hola, buenos días. ¿Cómo estás hoy? ¡Qué guapo! Estás limpio y afeitado. ¡Qué camisa tan bonita! ¿Es la ropa del accidente?

– Hola. Sí, es mi ropa; O eso dicen. Pero es verdad que me resulta familiar. ¿Qué hacemos?

– Como ves, yo también voy con ropa de calle. Solo me dedico a ti, a ayudarte a recordar. Vamos a dar un paseo por la ciudad. Ver cosas ayuda a recordar, ya sabes.

tengo ganas de:
quiero.

– Estupendo. **Tengo ganas de** salir. Aquí tengo demasiado tiempo libre. Me aburro. Quiero respirar aire natural, no acondicionado.

– Pues vamos. Tengo coche; cargamos la silla de ruedas en él y vamos al Paseo de Pereda, que está muy bonito hoy. Paseamos, miramos cosas, hablamos y seguro que tu memoria regresa poco a poco. ¿Vale?

– Vale. Me parece un plan buenísimo.

Ambos salen del hospital. El coche de Ainoa es pequeño, pero está limpio y cuidado. Con problemas, "Javier" y la silla consiguen meterse. Él va en el **asiento del copiloto**, y la silla, plegada, en el de atrás. Santander está **preciosa** esa mañana. Hay mucha gente en la calle y el día es luminoso. Hay muchas flores en todas partes. También hay mucho tráfico; demasiado. El coche marcha despacio. Finalmente, llegan al Paseo de Pereda, que es la calle principal de Santander, una bonita avenida que es paralela al mar. Hay muchas flores y tiendas.

Aparcar en Santander no es fácil, pero Ainoa ve un sitio bueno y deja allí el coche. Bajan y pasean.

– Tenemos suerte –dice Ainoa–. Un precioso día, sitio para aparcar, tiempo libre...

– Sí. Necesito tomar aire fresco.

– ¿Qué te parece si tomamos algo en una **terraza**? Tengo muchas ganas de tomar un refresco. Estoy hecha polvo. ¿Te parece bien?

– Me parece muy bien. Es verdad, tu concierto de ayer. ¿Qué tal?

– Genial. Me encanta ese grupo. Ella canta muy bien y los conciertos resultan muy animados. Pero bailar demasiado es malo; ahora estoy muerta.

Llegan a una terraza y se sientan. El camarero pregunta:

– ¿Qué desean?

---

asiento del copiloto: el que está al lado del conductor.
preciosa: muy bonita.

aparcar: dejar el coche parado a un lado de la calle.

terraza: cafetería o bar con las mesas en la calle.

- Yo, una Coca-Cola, por favor –dice Ainoa. Y mira a "Javier"–. Necesito estar despierta.

- Para mí, un zumo de naranja.

picar: comer algo mientras se bebe.

- ¿Algo para **picar**? –pregunta el camarero.

- ¿Unas patatas fritas? Tengo un poco de hambre.

- Vale, unas patatas fritas –responde "Javier".

El camarero se va. Ainoa dice:

- Zumo de naranja. ¿Siempre pides zumo de naranja? ¿Te acuerdas de tus bebidas o comidas favoritas?

- Mmm. No sé, pero es verdad que me gusta el zumo de naranja. No es exactamente un recuerdo..., más bien una **intuición**.

intuición: conocimiento sin pensamiento, interior.

- Ahá. Eres un chico natural. Un deportista o un ecologista, o algo así.

- No sé. Es posible.

El camarero llega con las bebidas y las patatas. Ainoa bebe rápido.

- Aaaah. ¡Qué bien! La verdad es que estoy muy cansada. Siempre me meto tarde en la cama cuando voy a conciertos.

- ¿Vas a muchos conciertos?

e: y (delante de i-).

- Sí. Me gusta la música **e** intento ir bastante. No hay muchos conciertos en Santander. En Madrid o en Barcelona sí hay muchos; también en el País Vasco. Pero no aquí.

- ¿Vas con tu novio, con amigos...?

- No tengo novio. Voy con un grupo de amigas.

Casi siempre vamos juntas. Somos cuatro amigas.

– ¿Íntimas?

– Muy íntimas. Del colegio.

– Eso está bien. ¿Cómo es que no tienes novio?

– Ninguno me quiere –dice ella con cara de niña pequeña. Se ríe–. Bueno, en realidad soy muy independiente. Los hombres no están mucho tiempo **conmigo**.

– También me gustan las mujeres independientes.

– ¿Seguro? ¿Te acuerdas de eso? –dice ella con ironía.

– Oh, creo que sí.

– Bueno, vamos bien. ¿Qué te parece un paseo?

– Adelante.

VI

El coche llega al hospital. Es la hora de comer. Ainoa y "Javier" bajan y caminan por los pasillos. Van al comedor. Esperan unos momentos para encontrar **una mesa libre**; hay muchas personas, médicos, enfermeros y visitantes, que comen en el comedor del hospital. Finalmente, ocupan una mesa.

– Una mañana muy agradable –dice "Javier"–. Recordar así es un placer.

– Pero realmente no recuerdas mucho. En el Paseo de Pereda nada te resulta familiar. Es raro. La playa, los bares, las tiendas... **no te dicen nada**.

– Así es.

---

conmigo: con + mí = conmigo.

una mesa libre: en general, en España no es costumbre sentarse en una mesa donde hay otras personas que no conoces. Si lo haces, siempre hay que pedir permiso.

no te dicen nada: en este sentido, no provocar reacción favorable o desfavorable.

— ¿Está libre este asiento?

está de pie: estar levantado y parado.

Levantan la vista. El inspector Herrero **está de pie** con una bandeja de comida.

¿cómo le (te) va?: igual que "¿Cómo está(s)?" o "¿Qué tal?"

tirando: más o menos bien. Regular.

— Claro. Ahora estamos los tres —responde "Javier"—. **¿Cómo le va?**

— **Tirando.** ¿Y usted? ¿Recupera sus recuerdos?

— No, no mucho. Recuerdo que me gusta el zumo de naranja y las mujeres independientes, pero no mucho más. Ah, y que me gusta pasear por la ciudad.

— No está mal para una mañana. Pero no es mucho, la verdad. ¿Nada del robo?

— Me parece que no. Lo siento.

— Bueno, yo tengo buenas noticias. Es algo que tiene que ver con lo de Mecano y el accidente. La calle del accidente está llena de papeles de propaganda del concierto. Veamos: es lunes por la mañana. Recuerdo que en el momento de meterle a usted en la ambulancia, miro un papel que está en el suelo y un policía amigo mío me dice: "Son Mecano. Voy a ir esta tarde". Un comentario sin importancia, como ve, pero en esta profesión no se sabe cuándo o cómo las cosas más pequeñas son importantes. ¿Qué quiere decir esto? Yo creo que usted se acuerda de Mecano relacionado con el accidente porque posiblemente es el último recuerdo que tiene antes del accidente. Esto quiere decir que, como no pudo leer los papeles que están en el suelo cuando va en un coche a toda velocidad por las calles de la ciudad, usted no va en el coche. Es el otro hombre el que va en el coche y tiene el accidente cuando le atro-

hipótesis: posibilidad, probabilidad.

por cierto: elemento de relación entre ideas que no tienen nada que ver. Frecuente en la conversación para introducir nuevos temas.
más bien: realmente, en realidad.

apetece: gustar (en un momento determinado), tener ganas.

pella a usted. Conclusión: el otro es el ladrón, y usted es inocente. Naturalmente, todo esto es solo una **hipótesis**. La base no es muy fuerte: una idea que nace de un recuerdo muy débil. Pero es algo positivo, ¿no le parece?

– Oh, sí, sí que me lo parece. Es usted bastante inteligente.

– Para eso me pagan. Pero no lo tome muy en serio. Le digo que es solo una idea, nada definitivo. Esperamos nuevos datos. **Por cierto**, esta comida no está muy buena; **más bien**, está malísima.

VII

– Hoy es sábado. El día está un poco oscuro, pero no va a llover. ¿Dónde quieres ir?

– Me **apetece** ir al Palacio de la Magdalena.

– ¿Seguro? No parece un lugar bueno para recordar nada. Quiero decir que es difícil encontrar ahí alguna cosa de tu vida cotidiana.

– Tienes razón. Recordar y hacer turismo son dos cosas diferentes, ¿verdad?

– Sí, bastante. Claro que en el Palacio hay cosas que posiblemente resultan buenas para traer otros recuerdos: cuadros, libros, habitaciones, jardines... Muy bien, vamos. Nunca sabemos dónde podemos tener suerte. Tenemos el ejemplo de tu recuerdo de Mecano, ¿no? ¿Quién sabe? A lo mejor eres un millonario y en el Palacio te acuerdas de todo.

– Claro, claro. Continúa. ¡Qué imaginación!

Los dos van al coche de Ainoa y montan. Ella explica a "Javier" algunas cosas de la ciudad.

– Esto es el Paseo de Pereda, lo conoces ya. Ahora subimos esta calle, y eso que ves allí es el Auditorio. Muy moderno, ¿no? A mucha gente no le gusta, pero es muy bueno para conciertos y teatro. ¿Sabes que en verano hay aquí un festival internacional de teatro? Toda esta parte es la zona más bonita y rica de la ciudad. Aquí vive la gente que tiene más dinero, la más rica. ¿Qué te parecen las casas? Bonitas, ¿eh? Todas miran al mar. Santander es una ciudad muy elegante, ¿sabes? Ahora, aquí, entramos en la Península, donde está el Palacio. Actualmente es posible visitarlo porque hay en él una universidad.

– ¿Una universidad? –preguntó "Javier", extrañado.

– Sí, la Universidad Internacional Menéndez Pelayo, bastante famosa. Tiene unos cursos de verano muy conocidos, y mucha gente viene a Santander para asistir a ellos. También viene gente del extranjero; creo que hay cursos de español, también. Bueno, aquí estamos. ¿Qué tal?

Ainoa baja del coche, saca la silla de ruedas y ayuda a "Javier" a salir del coche y subir a ella.

– Bueno, el edificio es bastante bonito. Pero... no sé. Tengo una sensación extraña. Me parece que yo conozco este lugar. Creo recordar que no es la primera vez que vengo.

– ¿En serio? –pregunta Ainoa, con esperanza–. ¡Estupendo! ¿Ves? Poco a poco los recuerdos vuelven.

– Sí, sí recuerdo este sitio.

Unas personas ayudan a Ainoa a subir la silla de ruedas por las escaleras que hay en la puerta de la universidad, un edificio gris y antiguo, de sólida piedra. En el interior, casi todo es de madera, vieja y noble. Los pasos de las personas están acompañados del ruido de la madera. Hay cuadros en las paredes, de hombres famosos por su inteligencia y por sus obras, viejos cuadros de científicos, poetas, escritores, políticos y soldados. En los pasillos hay **vitrinas**, sillones y mesitas, alfombras y tapices. Unos estudiantes pasan con libros y carpetas. Ainoa explica:

vitrinas: armarios de cristal para ver las cosas del interior.

– Como sabes, este palacio es ahora una universidad. En este momento, precisamente, hay varios cursos sobre diferentes temas. Mira, todas las habitaciones son en realidad clases. Esta universidad tiene una biblioteca con muchos libros de literatura española muy raros. Pero ya sabes que en realidad es un palacio, así que es muy bonito y noble, diferente de las universidades modernas.

– Un momento, un momento... te digo que yo conozco este lugar, **u** otro similar. Todo me resulta familiar.

u: o (delante de o-).

de repente: súbitamente, en un momento, rápido.

– ¡Magnífico! Aquí hay vitrinas con libros y otras cosas. ¿Quieres mirar?

– Sí... Libros antiguos, monedas...

se pone las manos en la cabeza: en español no se dice "Pone sus manos en su cabeza". Con las partes del cuerpo se utiliza el artículo determinado.

De repente, "Javier" ve una cosa que le impresiona. Cierra los ojos y **se pone las manos en la cabeza**. Mira otra vez en la vitrina y murmura palabras que

Mira otra vez en la vitrina y murmura palabras que Ainoa no oye.

Ainoa no oye bien. Ella mira atentamente las cosas que están en la vitrina, pero no ve nada especial.

– ¿Qué te pasa, "Javier"? ¿Ocurre algo?

– Recuerdo claramente una cosa, Ainoa. Hay aquí objetos que tienen que ver con mi vida.

– ¿Qué objetos? ¿Qué es?

"Javier" señala con la mano y Ainoa abre la boca sorprendida. Las cosas que él señala en la vitrina son una colección de **collares, pendientes, anillos** y **diademas** antiguas. Joyas.

collares: joyas para poner en el cuello.
pendientes: joyas para poner en las orejas.
anillos: joyas que se ponen en el dedo.
diademas: joyas que se ponen en la cabeza, para sujetar el pelo.

se da cuenta: notar, comprender; figuradamente, ver alguna cosa no evidente.

VIII

– **¿Se da cuenta?** Joyas. Recuerda joyas –exclama Ainoa, nerviosa.

– Me doy cuenta, me doy cuenta. El recuerdo ¿es claro, reciente? ¿Siente él que está relacionado con su vida actual o es algo lejano? –El inspector Herrero, con las manos en los bolsillos, parece tranquilo. Ambos están en una sala para enfermeras del hospital.

– Él dice que es muy claro y actual, más o menos como aquel recuerdo de Mecano, una cosa fuerte y reciente.

– Está claro: es culpable.

– ¿Usted cree?

– ¿A usted qué le parece? Una persona sospechosa de estar metida en un robo de joyas y que ha perdido la memoria recuerda joyas, ¿y usted no saca ninguna conclusión?

– No sé... Es extraño, pero él no parece un ladrón. No tiene un carácter o una personalidad de **delincuente**.

delincuente: persona que comete delitos: crímenes, robos, etc.

– Querida Ainoa, en mi trabajo sabemos que delincuentes hay muchos, de muchas formas y personalidades diferentes. No hay un solo tipo de criminal, hay muchos.

– Es posible, pero a mí no me lo parece. Intuición femenina.

Pedro Herrero mira a Ainoa.

– Me parece que su interés en "Javier" no es profesional solamente, Ainoa. Pero no importa. Yo trabajo con realidades, y la realidad actual es que el sospechoso recuerda una cosa relacionada con el delito. La intuición femenina es muy interesante, pero no muy real.

– Es posible, pero un recuerdo no es suficiente para meter a una persona en la cárcel.

– No, no lo es, pero es un elemento que ayuda. La situación del **supuesto** "Javier" es en este momento bastante mala. Es el sospechoso número uno.

supuesto: pretendido, presunto, posible.

El inspector Herrero sale de la habitación y va a la de "Javier". Ainoa permanece en la sala de enfermeras, con expresión preocupada. El policía entra en la habitación; "Javier" está en la cama, con una revista en las manos. Está serio: sabe que sus recuerdos de las joyas son malos para su situación con la policía. Todo parece estar mal. La presencia de Pedro Herrero no permite tampoco esperar nada bueno.

– Hola. Veo en su cara que sabe las últimas novedades –dice "Javier".

– Sí. No quiero engañarle; tiene las cosas bastante mal.

– Ya. No quiero decir algo evidente, pero no creo ser un ladrón. Recuerdo joyas, pero también hay algo que me dice que no soy un ladrón.

– Claro, claro... Le comprendo. Ahora, a lo mejor quiere colaborar. ¿Dónde están las joyas? Usted las tiene escondidas en algún punto de Santander. ¿Dónde?... ¿No responde? En serio, es más conveniente para usted hablar, ahora que recuerda las joyas. Estoy seguro de que también recuerda dónde están, pero no quiere decirlo.

– ¿Estoy acusado formalmente? ¿Detenido?

– No, nada de eso –el inspector sonríe tristemente–. Por el momento, no hay pruebas para acusarle. Solo hablamos.

– Pues buenos días. Ya sabe donde está la puerta.

– Repito que es una **tontería** no hablar. Las cosas **empeoran** y es mejor para usted confesar en estos momentos.

– Buenos días. Adiós. –"Javier" está muy serio y mira por la ventana con **cara de pocos amigos**. Pedro Herrero decide no insistir.

– Muy bien. Es un buen día para disfrutar. En la cárcel no hay muchos días buenos. Es una buena idea aprovecharlos, ¿eh? A lo mejor no tiene mucho tiempo para disfrutar en el futuro. Hasta mañana.

El día está ahora más oscuro. Hay nubes en el cielo. El clima cambia rápidamente en Santander, y ahora parece vestirse de negro.

tontería: cosa de tontos, sin sentido.
empeorar: ir las cosas de mal en peor.

cara de pocos amigos: expresión de enfado.

IX

Es el mismo día por la tarde. Ainoa camina rápidamente, con "Javier" en la silla de ruedas. Ambos van por los pasillos de la Universidad, los mismos pasillos de la mañana. Ella está preocupada, y él mira con expresión atenta todas las cosas, objetos y personas que pasan cerca de él.

– ¿Crees que es una buena idea volver aquí? –dice Ainoa.

– Es mi última posibilidad. Mi única esperanza es recordar rápidamente mi verdadera personalidad, porque las cosas en este momento están muy mal. Herrero quiere meterme en la cárcel. Yo recuerdo unas joyas. Él las busca. Todo parece indicar que yo soy el culpable. Es verdad que en este momento no es posible acusarme, pero no quiero esperar cosas peores. Creo que es bueno volver aquí, porque sé que este lugar es familiar para mí, y esto quiere decir que no es la primera vez que estoy en esta casa. A lo mejor encontramos nuevas cosas, nuevos recuerdos. Quisiera ir a una parte del Palacio diferente a las de esta mañana.

– Bueno. Ahora estamos en una parte del Palacio que no conoces. Esta es una zona de clases, poco interesante. La parte principal, donde hay libros, cuadros, objetos, etc., ya la conoces. Aquí solamente hay largos corredores con **aulas** a los lados.

aulas: clases.

«Javier» mira atentamente todo. Las puertas son de

madera, con cristales que permiten pasar la luz, pero no es posible ver dentro. El pasillo está silencioso, pero de alguna clase sale la débil voz de un profesor que explica su materia. La enfermera y el herido están parados en la mitad del largo y oscuro pasillo.

– ¿Qué tal? ¿Recuerdas algo?
– ¡Sí, sí! Este lugar no es nuevo para mí, es muy familiar... Camina un poco más, por favor. Creo que hay una mesa con un **jarrón** y un sillón al final del pasillo, en el rincón. Vamos a ver.

jarrón: vaso para poner flores.

Las puertas de dos clases se abren y los estudiantes salen poco a poco. El pasillo está ahora lleno de gente.

– Es tarde. Tenemos pocos minutos. Las clases terminan y la Universidad va a cerrar sus puertas.

Caminan rápidamente y finalmente llegan a la esquina del pasillo. **En efecto**, allí hay un antiguo sillón cerca de una mesita con un jarrón. Una ventana ilumina el pequeño rincón con la débil luz de la tarde.

en efecto: verdaderamente, ciertamente.

– Vaya, es verdad. Aquí está eso que dices. ¡Estupendo! Esto es la prueba de que en tu vida "anterior" conoces este lugar. Claro que, ¿qué significa? Es perfectamente posible ser un ladrón y conocer un palacio.
– Sí, pero es extraño, ¿no? Creo que mis recuerdos indican una vida diferente a la vida de un ladrón.
– Es posible, pero todo esto no es de mucha ayuda. Media vuelta. Volvemos al hospital.

Andan por el palacio en dirección a la salida. Hay

estudiantes que hablan en los pasillos, otros que caminan también para salir, grupos que comentan las conferencias...

– Ya estamos en la puerta. Necesito ayuda para bajarte.

bedel: persona que trabaja en una universidad (y en otras instituciones) anunciando el final de las clases, cuidando el material, etc.

Un **bedel** se da cuenta de que Ainoa necesita otra persona para manejar la silla de ruedas y se acerca sonriente. Es un hombre un poco gordo, de unos cuarenta años.

– Yo le ayudo, señorita. –El bedel coge los pies de la silla de ruedas y baja las escaleras; Ainoa sujeta la otra parte–. ¿Qué pasa, hombre? –le dice a "Javier"– No estás en plena forma, ¿eh?

pensativo: distraído, pensando en otra cosa.

"Javier" que está **pensativo**, mira al bedel sin mucha atención. Contesta lentamente:

¡vaya por Dios!: expresión popular de lástima o pena por una cosa negativa.

que te mejores: expresión para desear a un enfermo su recuperación.

el año que viene: el año próximo.

– Sí, un accidente de tráfico.
– **¡Vaya por Dios!** Bueno ya estamos en tierra firme. ¡Cómo pesas! –Le pone una mano en el hombro al herido–. **Que te mejores**, hombre. Espero verte **el año que viene**.
– Sí, muchas gracias. Adiós.
– Muchas gracias por su ayuda. –Ainoa dedica al hombre una sonrisa.
– De nada, de nada. Hasta la vista.

Caminan en dirección al coche. La tarde es ahora más cerrada. El sol está ya oculto y el cielo, casi negro. La noche cae.

animar: alegrar, elevar el espíritu de una persona cuando está triste o desanimada.

– Un hombre muy amable, ¿verdad? –pregunta Ainoa. Está cansada, y habla solamente para **animar** a "Javier", que está muy serio y silencioso.

– Mmm.

Silencio. Finalmente llegan al coche. Ainoa mete la llave en la cerradura, pero no abre la puerta. Está quieta, con expresión extrañada. "Javier" la mira.

– ¿Qué ocurre? ¿Por qué no abres?

– Hay una cosa que no entiendo. El bedel te dice que espera verte el año que viene. ¿Por qué? ¿Por qué espera verte el año que viene? No tiene ningún motivo para ello. No es lógico.

¿qué más da?: ¿qué importa?

– No sé, no tiene importancia –"Javier" está de mal humor. Todo esto le parece absurdo. Solo sabe que no recupera la memoria y que a lo mejor va a la cárcel. –¿Cómo saber lo que piensa un hombre que dice dos frases de cortesía? **¿Qué más da?**

– ¿Te importa esperar aquí? Regreso en un minuto. Necesito hablar con el bedel. Posiblemente es importante.

– No, no. En serio, es una tontería. Es una frase sin motivo, de esas que dices sin pensar. Quiero volver al hospital.

charlando: hablando de cosas sin importancia.

Pero Ainoa regresa al edificio gris, que en ese momento enciende sus luces exteriores para iluminar la noble estructura del palacio. Sube las escaleras. Ya no hay estudiantes. Cerca de la puerta hay tres bedeles **charlando**. Uno de ellos es una mujer, el otro es un chico joven y el tercero es el hombre gordo de las escaleras. Ainoa dice:

— Perdone, quisiera hablar un minuto con usted.

El bedel la mira, extrañado, y se separa de sus compañeros.

— Solo quiero hacerle una pregunta. Usted dice que espera ver a mi amigo el año que viene. ¿Por qué?

— ¿Por qué? Pues porque él regresa el año que viene. ¿Por qué me pregunta esto? Su novio o amigo sabe lo que hace, ¿no?

— Bueno, realmente no. Pero es muy largo de explicar. ¿Cómo sabe usted que él regresa el próximo año?

— Pues porque yo sé quién va a volver a la universidad. Trabajo en ella, llevo papeles, hablo con la gente, con los estudiantes, con otros bedeles...

— Pero ¿usted conoce a mi amigo?

de vista: conocer de vista, conocer a una persona sin hablar con ella, solamente su aspecto.

— Claro, **de vista**. Del curso pasado. Ver a una persona durante dos semanas todos los días es suficiente para conocerla de vista, creo yo. No sé cómo se llama, pero sé quien es.

Ainoa está muy nerviosa: hay alguien que conoce a "Javier", a la persona que ella llama Javier. Coge del brazo al bedel.

— Por favor, es muy importante. Quisiera saber exactamente todo lo que usted sabe de mi amigo.

— Señorita, ya le digo que su amigo es estudiante de la Universidad Internacional Menéndez Pelayo. Hay un curso de dos semanas sobre una ciencia rara que no sé como se llama; su amigo es un alumno de ese curso. No es un curso normal, es un curso para especialistas. Las personas que vienen a ese curso son personas un poco mayores, personas que trabajan en algo relacionado con esa ciencia.

– ¡Oh, Dios mío! ¡Es estupendo! Así que "Javier" es un estudiante de esta universidad. Por eso recuerda algunas cosas. ¡"Javier"! –grita Ainoa– ¡"Javier"!

"Javier" se acerca en su silla de ruedas. Se da cuenta de que algo extraño pasa. Ve que la enfermera está muy nerviosa.

– ¿Qué pasa? ¿Ocurre algo?

– "Javier", este hombre dice que tú eres un estudiante de esta universidad.

– ¡¡¿Qué?!!

exestudiante: antiguo estudiante, pero no actualmente. El prefijo ex- indica una actividad que ya no se ejerce o practica.

– **Exestudiante**, mejor dicho –dice el bedel–. Su curso es... Vamos a ver. Un momento.

Sube rápidamente las escaleras del palacio y baja a los pocos segundos con un programa de los cursos de la universidad. Lo abre y mira.

– Mmmm. Este es el curso. Del 2 al 14 de septiembre.

– ¿Qué día es hoy? –pregunta "Javier".

– Hoy es día 21.

– Así que ya está terminado –dice "Javier"–. Pero, un momento. ¿Cuál es el título del curso?

– Vamos a ver. Sí, aquí está: "Seminario Internacional de Gemología". No sé qué significa gemelo... gemole... eso.

"Javier" está ahora contentísimo. Poco a poco todo está más claro.

– Mi querido amigo, la Gemología es la ciencia que estudia las piedras preciosas. ¿Comprende? ¡Las piedras preciosas!

X

DOMINGO 11:30

– Así que esta es la historia: "Javier" que no se llama Javier, se llama Carlos Blanco García. Trabaja en un taller de joyería de Madrid, donde se dedica a tallar las piedras preciosas para **engastarlas** en las joyas. En los libros de la Universidad Internacional Menéndez Pelayo está inscrito en el curso sobre piedras preciosas del 2 al 14 de septiembre.

engastarlas: hablando de piedras preciosas, meterlas en anillos, pendientes, etc.

El inspector Herrero tiene unos papeles en las manos y explica a Ainoa, al doctor y al que ahora se llama Carlos la solución del caso. Están en la habitación del hospital. Carlos está en la cama, con expresión alegre, y Ainoa y el doctor están de pie cerca de la cama. El policía continúa con su gabardina y su traje gris.

– Esta es la película de los hechos: el señor Blanco asiste al seminario de Gemología, porque es un profesional de esta ciencia y le interesa. Así que viene a Santander y vive en un apartamento de unos amigos, que está en la calle General Mola, cerca del Paseo de Pereda. Como sabemos, estos amigos están de vacaciones en el extranjero y le dejan su piso. La llave que encontramos en su bolsillo el día del accidente es de esa casa.

– Estupendo. Quisiera ir allí.

– Tranquilo. Continúo explicando. Usted asiste al curso, que termina el sábado 14 y decide permanecer una semana más en Santander porque está de vacaciones. El mismo domingo por la mañana llama a su familia de Madrid y dice que se queda una semana más aquí. Así que nadie tiene motivos para esperarle a usted o para darse cuenta de que usted no está en casa. Sus amigos y su familia piensan que usted está solo en Santander, pasando una semana de vacaciones.

– Pues es necesario llamar por teléfono a mi familia.

– Está hecho –dice Ainoa–. Tus padres están en estos momentos camino de Santander. Vienen en tren. Están tranquilos, saben que estás bien y que recordar es solo cuestión de tiempo. Por cierto, tu madre es muy simpática.

Carlos sonríe.

– Bueno, me alegro de saberlo. Es bueno tener padres simpáticos.

– Continúo –dice Pedro Herrero–. El sábado usted cena con otros estudiantes para celebrar el final del curso, y el domingo también sale por la noche con dos o tres estudiantes que viven en Santander. En el camino de vuelta a casa es cuando ocurre el accidente. El ladrón, que es el otro hombre, sale del coche y para nosotros no es posible saber quién es quién. Pero ahora todo es distinto. La otra persona está más recuperada y sabemos que es el ladrón. Saber dónde están las joyas es solo cuestión de tiempo, porque es posible acusarle del robo.

– Bueno —dice el doctor—, tenemos final feliz. Sus huesos rotos están bastante bien y en una semana podemos quitar la escayola. Recupera la memoria poco a poco.

– Sí —dice Ainoa—. Ahora que vienen tus padres seguro que recuerdas mucho más rápidamente. Ya no me necesitas —su cara está triste.

– ¿Cómo que no? Doctor, necesito una persona para recordar, ¿verdad? Creo que su trabajo conmigo es muy bueno. Quisiera continuar así la próxima semana. En el futuro a lo mejor necesito recordar más cosas.

EXPLOTACIÓN DIDÁCTICA
EJERCICIOS PARA EL ALUMNO

Lecturas de Español es una colección de historias breves especialmente pensadas para los estudiantes de español como lengua extranjera. Los cuentos han sido escritos, teniendo en cuenta, básica pero no únicamente, una progresión gramático-funcional secuenciada en seis etapas, de las cuales las dos primeras corresponderían a un nivel inicial de aprendizaje, las dos segundas a un nivel intermedio, y las dos últimas al nivel superior. Como resultado de la mencionada secuenciación, el estudiante puede tener contacto con textos escritos "complejos" ya desde los primeros momentos del aprendizaje y puede hacer un seguimiento más puntual de sus progresos.

Las aportaciones didácticas de **Lecturas de Español** son fundamentalmente dos:

- notas léxicas y culturales al margen, que permiten al alumno acceder, de forma inmediata, a la información necesaria para una comprensión más exacta del texto.

- explotaciones didácticas amplias y variadas que no se limiten a un aprovechamiento meramente instrumental del texto, sino que vayan más allá de los clásicos ejercicios de "comprensión lectora", y que permitan ejercitar tanto otras destrezas como también cuestiones puntuales de gramática y léxico. El tipo de ejercicios que aparecen en las explotaciones permite asimismo llevar este material al aula ampliando, de esa manera, el número de materiales complementarios que el profesor puede incorporar a a sus clases.

Con respecto a los autores, hemos querido contar con narradores capaces de elaborar historias atractivas, pero que además sean –condición casi indispensable– expertos profesores de E/LE, para que estén más sensibilizados con el tipo de problemas con que se enfrenta un estudiante de español como lengua extranjera.

Las narraciones, que no se inscriben dentro de un mismo "género literario", nunca **son** adaptaciones de obras, sino **originales** creados *ex profeso* para el fin que persiguen, y en ellas se ha intentado conjugar tanto amenidad como valor didáctico, todo ello teniendo siempre presente al lector, una persona joven o adulta con intereses variados.

PRIMERA PARTE
Comprensión lectora

1. Responde verdadero o falso a las siguientes preguntas sobre el texto.

a. La pareja de novios va en el coche rojo.	☐ V / F ☐
b. El coche atropella a un hombre.	☐ V / F ☐
c. El martes el hombre está en el hospital de Valdecilla.	☐ V / F ☐
d. El hombre da toda la información a la policía.	☐ V / F ☐
e. El *shock* por el accidente trae pérdida de memoria muchas veces y esto no es grave.	☐ V / F ☐
f. El médico se llama doctor Herrero.	☐ V / F ☐
g. Ainoa es un nombre propio del País Vasco.	☐ V / F ☐
h. Las joyas robadas están en el coche.	☐ V / F ☐
i. "Javier" no sabe si es un ladrón.	☐ V / F ☐
j. Ainoa va a ayudar a la policía en el caso de "Javier".	☐ V / F ☐
k. "Javier", Ainoa y Herrero van andando a la UCI.	☐ V / F ☐
l. "Javier" recuerda al hombre de la UCI.	☐ V / F ☐
m. A Ainoa le gusta bailar.	☐ V / F ☐

n. El viernes hace mal tiempo.	☐V / F☐
ñ. Aparcar es muy fácil en Santander: hay mucho sitio.	☐V / F☐
o. Ainoa es muy independiente y no tiene novio.	☐V / F☐
p. El recuerdo del concierto es bueno para "Javier".	☐V / F☐
q. "Javier" se acuerda del Palacio de la Magdalena.	☐V / F☐
r. Cuando "Javier" recuerda las joyas, Ainoa cree que es culpable del robo a la joyería.	☐V / F☐
s. El bedel conoce el verdadero nombre de "Javier".	☐V / F☐
t. "Javier" se llama en realidad César Blanco García.	☐V / F☐
u. Ainoa continúa con "Javier" para ayudarle a recordar.	☐V / F☐

2. Señala cuál de estas afirmaciones dice lo mismo que el texto.

A. pág. 10
  1. La sombra del coche es roja y golpea al hombre.
  2. El hombre coge un papel del suelo y una sombra le golpea.
  3. El coche golpea al hombre cuando está mirando un papel.

B. pág. 16
  1. Ainoa es un nombre vasco, pero Javier no lo es.
  2. El hombre recuerda que se llama Javier.
  3. Ainoa llama al hombre Javier porque es un nombre vasco.

C. pág. 17
1. El periódico dice que el Seat Toledo rojo es el coche del robo.

2. El Seat Toledo rojo es el coche de "Javier", que es robado.

3. El periódico dice que un testigo tiene un Seat Toledo rojo.

D. pág. 24
1. "Javier" va por la tarde al concierto de Mecano en la plaza de toros.

2. Ainoa habla de Mecano y "Javier" recuerda algo sobre el concierto.

3. "Javier" recuerda que le gusta bailar porque Ainoa habla de Mecano.

E. pág. 33
1. Muchos españoles viajan al extranjero para asistir a los cursos de la Universidad Internacional Menéndez Pelayo (UIMP).

2. La UIMP es solo para extranjeros que asisten a cursos de español.

3. En el Palacio de la Magdalena está la UIMP, que organiza unos cursos de verano muy conocidos.

F. pág. 36
1. "Javier" está contento por recordar las joyas.

2. El inspector Herrero y Ainoa creen que "Javier" recuerda las joyas porque es culpable.

3. "Javier" recuerda las joyas, pero no cree ser un ladrón.

G. pág. 41
1. Un estudiante ayuda a Ainoa a bajar la silla de ruedas.

2. Un bedel habla con "Javier" mientras bajan las escaleras.

3. Ainoa baja la silla hablando con un bedel.

H. pág. 42
1. En la puerta del palacio hay tres bedeles hablando, pero no hay estudiantes porque es casi de noche.

2. Ainoa ve a una chica y a un chico joven, estudiantes, charlando con el bedel en la puerta de la universidad.

3. El hombre gordo habla con el bedel y con Ainoa en las escaleras.

I. pág. 44

1. El programa de la universidad dice que "Javier" es un estudiante.
2. El bedel mira el programa para ver el curso donde estudia "Javier".
3. El estudiante dice que "Javier" es un bedel de la universidad.

J. pág. 46

1. "Javier" permanece una semana más en Santander después del curso.
2. La familia llama a "Javier" y le dice que se queda una semana más.
3. "Javier" llama a su familia, que está de vacaciones en Madrid.

SEGUNDA PARTE
Gramática y notas

3. **Relaciona cada palabra de la columna de la izquierda con uno de los campos de la columna de la derecha.**

1. enfermera •
2. cama •
3. biblioteca •
4. tienda •
5. portal •
6. joyas •
           • **a.** calle
7. mascarilla •
8. semáforo •
9. alfombras •
10. escayola •
           • **b.** hospital
11. vitrina •
12. ayuntamiento •
13. silla de ruedas •
14. UCI •
           • **c.** palacio
15. bata •
16. tráfico •
17. bar •
18. tapiz •

4. En los siguientes fragmentos sacados del texto faltan algunas palabras. Usa en cada caso la que puede utilizarse con un significado parecido al de la novela. Utiliza el diccionario si lo necesitas.

pág. 9

.... lunes. El mar .... tranquilo. Los barcos .... en las grises aguas del puerto. Los últimos bailones, ... de una larga noche de domingo, ... a sus casas. Las tiendas .... cerradas. En el Paseo de Pereda .... un Seat Toledo rojo, matrícula de Santander. Una pareja de novios se .... en un portal.

• flotan	• vuelven	• está aparcado	• parece
• estamos a	• permanecen	• agotados	• besa

pág. 30

El coche .... al hospital. Es la hora de comer. Ainoa y "Javier" .... y caminan por los pasillos. .... al comedor. Esperan unos momentos para .... una mesa libre; hay muchas personas, médicos, enfermeros y visitantes, que .... en el comedor del hospital. Finalmente, ... una mesa.

• almuerzan	• descienden	• ocupar
• acuden	• va	• encuentran

5. Encuentra en la siguiente "Sopa de letras" las palabras correspondientes a las siguientes definiciones (nombradas en las notas a las páginas). Pueden ir en horizontal, vertical o diagonal, del derecho o del revés.

1. Quitar el pelo de la cara.

2. Persona que baila.

3. Los dos.

4. Hablar de tú a las personas.

5. Se ponen en la cara para evitar contaminación, microbios...

6. Gustar (en un momento determinado), tener ganas.
7. Ir las cosas de mal en peor.

B	I	T	U	T	E	A	R	W	E
M	A	P	Ñ	L	P	F	H	G	I
A	S	I	A	F	E	I	T	A	R
S	P	Ñ	L	U	J	F	G	R	W
C	A	S	C	O	B	N	A	I	U
A	T	R	F	G	N	R	Z	A	A
R	W	E	O	L	O	N	B	M	J
I	E	L	A	E	G	Y	H	B	B
L	C	X	P	S	K	O	L	O	Ñ
L	N	M	F	G	T	Y	H	S	I
A	E	F	G	C	X	Z	S	A	W
S	A	P	E	T	E	C	E	R	Y

6. Relaciona estas dos columnas. Las palabras de la columna de la izquierda aparecen en el texto y significan aproximadamente lo mismo que las palabras de la derecha.

Estoy hecho polvo •	• Me es indiferente
Vaqueros •	• Sí
Tirando •	• Más o menos
No me dice nada •	• ¿Comprendes?
¡Vaya por Dios! •	• Pantalones tejanos
En efecto •	• Me apetece
¿Qué más da? •	• Estoy muy cansado
¿Te das cuenta? •	• De acuerdo
Tengo ganas •	• Es lo mismo
Vale •	• ¡Qué pena!
Por cierto •	• A propósito

7. **Elige la respuesta correcta a las siguientes preguntas sobre la cultura y la lengua españolas que puedes encontrar en el texto.**

a. En un comedor colectivo de España...
- ☐ 1. no hay problema en sentarse donde uno quiere, sin pedir permiso.
- ☐ 2. normalmente no debemos sentarnos en una mesa en la que hay gente.
- ☐ 3. los que ocupan una mesa invitan a sentarse a los que esperan.

b. La persona que vigila y ayuda en las universidades se llama...
- ☐ 1. débil.
- ☐ 2. bedel.
- ☐ 3. vigilante.

c. Cantabria es...
- ☐ 1. una ciudad del norte de España, de la provincia de Santander.
- ☐ 2. una provincia cuya capital es Santander.
- ☐ 3. la ciudad donde está el Palacio de la Magdalena, cerca de Santander.

d. Si por la noche sueñas cosas horribles, tienes una...
- ☐ 1. peladilla.
- ☐ 2. pesadita.
- ☐ 3. pesadilla.

e. El desayuno en España suele consistir en:
- ☐ 1. Café con leche y tostadas.
- ☐ 2. Café y huevos fritos con jamón.
- ☐ 3. Zumo de naranja, leche y huevos.

f. "A lo mejor" significa en español:
- ☐ 1. Que es lo mejor, seguro.
- ☐ 2. Posiblemente.
- ☐ 3. Que posiblemente eso es lo mejor.

g. La Gemología estudia...
- ☐ 1. los hermanos gemelos.
- ☐ 2. la magia.
- ☐ 3. las piedras preciosas.

h. "Que te mejores" es una expresión que decimos cuando...
- ☐ 1. la otra persona está enferma.
- ☐ 2. la otra persona encuentra un trabajo mejor.
- ☐ 3. deseamos buena suerte a otra persona.

i. El clima de Santander en verano...
- ☐ 1. cambia muy rápidamente.
- ☐ 2. es estable, seco y soleado.
- ☐ 3. es más bien frío.

j. "Más bien" quiere decir:
- ☐ 1. Mejor.
- ☐ 2. Posiblemente.
- ☐ 3. Realmente.

k. Si te preguntan: "¿Cómo te va?", respondes:
- ☐ 1. "Voy por aquí".
- ☐ 2. "Tirando".
- ☐ 3. "En efecto".

l. Comer patatas, aceitunas, etc. con una cerveza o un refresco se llama...
- ☐ 1. picar.
- ☐ 2. tomar.
- ☐ 3. apetecer.

m. UCI son las letras iniciales de:
- ☐ 1. Universidad Complutense Internacional.
- ☐ 2. Un Completo Idiota.
- ☐ 3. Unidad de Cuidados Intensivos.

TERCERA PARTE
Expresión escrita

1. Escribe con tus propias palabras un resumen de la historia que has leído.

2. Repasa todas las palabras del texto que hablan de la ropa y busca en el diccionario alguna otra que te interese. Fíjate en los verbos que utilizan y describe cómo puede ir vestida Ainoa el viernes.

3. Imagina que el ladrón despierta. Escribe el posible diálogo que el inspector Herrero podría tener con él sobre el robo a la joyería. ¿Dónde puede estar el botín?

4. ¿Has asistido a algún curso o seminario en tu país o en el extranjero? ¿Qué opinas de ellos? ¿Tienes alguna anécdota? ¿Irás en el futuro?

CUARTA PARTE
Expresión oral

1. ¿Qué opináis de la historia? ¿Es fácil para ti o difícil? ¿Ayuda a aprender español?

2. ¿Se puede encontrar otra forma para solucionar el problema en el que está "Javier"?

3. Puede ser muy conveniente representar entre varios alumnos alguno de los diálogos que existen en el texto.

SOLUCIONES

Antes de empezar a leer

Soluciones

1. *Una enfermedad.*

2. *Gripe; bronquitis; úlcera; esquizofrenia; sida; cáncer; neumonía.*

3. *Analfabeto; amoral; anormal; asexual.*

5.

A-	**A-** *(+ consonante)* anormal	normal
	An- *(+ vocal)* analfabeto	alfabeto
DES-	**Des-** deshacer, deshabitado, desaparecer; desarmar	hacer; habitado; aparecer; armar
	Dis- disgustar; disconforme	gustar; conforme
IN-	**I-** *(+ r, l)*, irreal; ilegal; ilógico	real; legal; lógico
	In-, increíble; injusto; insoportable	creíble; justo; soportable
	Im- *(+ p, b)*, imposible; imbebible	posible; bebible
ANTI-	**Anti-**, antiaéreo; antidemocrático; anticlerical, antifascista	aéreo; democrático; crerical; fascista

Comprensión lectora

Soluciones

1. a. *F,* b. *V,* c. *V,* d. *F,* e. *V,* f. *F,* g. *V,* h. *F,* i. *V,* j. *V,* k. *F,* l. *F,* m. *V,* n. *F,* ñ. *F,* o. *V,* p. *V,* q. *V,* r. *F,* s. *F,* t. *F,* v. *V.*

2. **A.** 3, **B.** 1, **C.** 1, **D.** 2, **E.** 3, **F.** 3, **G.** 2, **H.** 1, **I.** 2, **J.** 1.

Gramática y notas

Soluciones

3. *Calle:* tienda, portal, semáforo, ayuntamiento, tráfico, bar. *Hospital:* enfermera, cama, mascarilla, escayola, silla de ruedas, UCI, bata. *Palacio:* biblioteca, joyas, alfombras, vitrina, tapiz.

4. Estamos a lunes. El mar parece tranquilo. Los barcos flotan en las grises aguas del puerto. Los últimos bailones, agotados de una larga noche de domingo, vuelven a sus casas. Las tiendas permanecen cerradas. En el Paseo de Pereda está aparcado un Seat Toledo rojo, matrícula de Santander. Una pareja de novios se besan en un portal.

El coche va al hospital. Es la hora de comer. Ainoa y "Javier" descienden y caminan por los pasillos. Acuden al comedor. Esperan unos momentos para ocupar una mesa libre; hay muchas personas, médicos, enfermeros y visitantes, que almuerzan en el comedor del hospital. Finalmente, encuentran una mesa.

5.

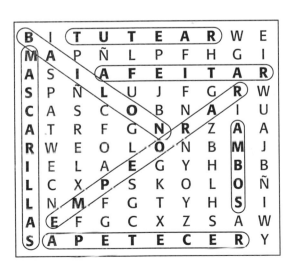

6.

Estoy hecho polvo
Vaqueros
Tirando
No me dice nada
¡Vaya por Dios!
En efecto
¿Qué más da?
¿Te das cuenta?
Tengo ganas
Vale
Por cierto

Me es indiferente
Sí
Más o menos
¿Comprendes?
Pantalones tejanos
Me apetece
Estoy muy cansado
De acuerdo
Es lo mismo
¡Qué pena!
A propósito

7. a. *2,* **b.** *2,* **c.** *2,* **d.** *3,* **e.** *1,* **f.** *2,* **g.** *3,* **h.** *1,* **i.** *1,* **j.** *3,* **k.** *2,* **l.** *1,* **m.** *3.*

LECTURAS GRADUADAS

HISTORIAS DE HISPANOAMÉRICA

HISTORIAS PARA LEER Y ESCUCHAR (INCLUYE CD)

Niveles:

E-I Elemental I   E-II Elemental II   I-I  Intermedio I   I-II Intermedio II   S-I ➜ Superior I   S-II ➜ Superior II